A MONSIEUR

PAPILLON DE LA FERTÉ,

Intendant, Controlleur Général de l'Argenterie, Menus Plaisirs & Affaires de la Chambre du Roi.

ONSIEUR,

L'hommage de cette petite Comédie vous est dû, les applaudissements dont elle a été suivie, m'ont étonné moi-même autant que mes ennemis ; je cherche moins, en vous la présentant, à demander de nouvelles

bontés, qu'à vous donner un témoignage public de ma reconnaiſſance pour les anciennes. N'attendez pas de moi ces louanges que l'intérêt prodigue à l'orgueil. Votre mérite, chéri de tous les Gens de Lettres, va devenir précieux à la Nation entiere, quand elle apprendra que, ſous les yeux toujours ouverts de Meſſieurs les Premiers Gentilshommes de la Chambre, votre travail & vos ſoins ont donné à nos Théâtres une forme, une conſiſtance qui nous avait été juſqu'alors inconnüe : vous avez banni les abus, & peſant dans une juſte balance les intérêts du Public, & ceux des Gens à talents, vous avez établi un ordre, d'où réſulte la ſatisfaction de l'un & la gloire des autres ; vous protégez les Arts par état, vous les ſuivez par goût, vous les cultivez vous-même, vous les animez encore par l'attrait des récompenſes, & la juſtice que je vous rends ici eſt pour un homme qui penſe, le plus flateur des éloges : puiſſé-je par de nouveaux ſuccès mériter de conſacrer plus particulierement mes

LE CERCLE,

OU

LA SOIRÉE

A LA MODE,

COMÉDIE ÉPISODIQUE

En un Acte & en Profe.

Par M. POINSINET de l'Académie
des Arcades de Rome.

Amavit rifus, nunc mores pingere tentat.

*Repréfentée pour la premiere fois par les Comédiens
Français ordinaires du Roi le 7 Septembre 1764.*

Le prix eft de 24 fols avec la Mufique.

A PARIS,

Chez DUCHÉSNE, Libraire, rue Saint Jacques,
au-deffous de la Fontaine Saint Benoît,
au Temple du Goût.

M. DCC. LXIV.
Avec Approbation & Privilége du Roi.

faibles talens aux plaisirs de notre auguste Monarque;
alors soumis à vos conseils & suffisamment réco npensé
de mon travail par la gloire d'en avoir été cl a gé , je
n'en desirerai près de vous d'autre prix que votre
amitié, & la permission de vous assurer de l'inviolable
attachement avec lequel je suis,

MONSIEUR,

Votre très-humble & très-
obéissant Serviteur,
POINSINET.

ACTEURS.

ARAMINTE, *Veuve d'un Financier,*　　Mme. Préville.

CIDALISE,
ISMENE, } *ses Amies,*　{ Mlle. d'Epinay.
　　　　　　　　　　Mlle. Hus.

LUCILE, *Fille d'Araminte,*　Mlle. Doligny.

LISETTE, *sa Femme de Chambre,*　Mme. Bellecourt.

LISIDOR, *Conseiller au Parlement,*　M. d'Auberval.

LE MARQUIS, *jeune Colonel,* M. Molé.

LE BARON, *ancien Militaire,* M. de Bonneval.

UN MEDECIN,　M. Préville.

UN ABBÉ,　M. Auger.

DAMON *Bel-Esprit,*　M. Bouret.

*La Scene est à Paris dans la Maison
de Madame Araminte.*

LE CERCLE

O U

LA SOIRÉE A LA MODE.

*Le Théâtre repréſente un Sallon de Compagnie,
où ſe trouvent des Siéges, un Canapé, un Métier
de Tapiſſerie, des Tables de Jeu, des Livres de
Muſique, une Guittare, &c.*

SCENE PREMIERE.

LISETTE, LISIDOR.
Ils entrent de différens côtés.

LISETTE.

H! c'eſt vous, Monſieur, quoique nous
vous déſirions ſans ceſſe, nous ne vous
attendions pas ſitôt.

LISIDOR.

Mon empreſſement t'étonnera moins quand le
motif t'en ſera connu. Je viens de recevoir quelques nouvelles qui m'affligent, & je voulais avoir

A iv

ſ

à l'issue de son dîner, une conversation avec l'aimable Lucile. [*Il tire sa montre.*] Le repas me paraît aujourd'hui plus long qu'à l'ordinaire.

LISETTE.

Ce n'est pas que Madame Araminte s'amuse à table : depuis que je la connais, j'ai toujours remarqué que ce n'est jamais où elle est qu'elle se desire ; mais nous avons compagnie.

LISIDOR *tirant une bague de son doigt.*

En attendant que l'une ou l'autre de ces Dames soit visible . . . . . . Te pourrai-je consulter sur ce bijou ?

LISETTE *prenant la bague.*

Comment ! c'est la plus jolie bague.

LISIDOR.

C'est un léger cadeau que j'ai dessein de faire.

LISETTE.

Il sera très-galant.

LISIDOR.

Mais à une condition ; c'est que la personne à qui je le destine ne m'en remerciera pas.

LISETTE.

Elle seroit bien ingrate.

LISIDOR *finement.*

J'espere cependant que tu ne le seras point, Lisette.

LISETTE.

Oh ! pour le coup, Monsieur, vous étonnez jusqu'à ma reconnoissance. Que vous êtes charmant ! vous joignez au mérite de donner, le mérite plus rare encore, de sçavoir donner avec grace. Auſſi qui ne s'intéreſſerait à vous ? Si Lucile pouvait diſpoſer d'elle-même, je vous ſuis caution que le Marquis, malgré ſon élégance & ſes talons rouges, ne remettrait jamais les pieds dans la maiſon.

LISIDOR.

Mais tu ſçais quels étaient avec moi les engagemens de Madame Araminte. Serait-elle femme à les oublier ? Dois-je le craindre ? Toi, qui la ſers depuis longtems, Liſette, inſtruis-moi plus à fond de ſon caractere ; indique-moi, de grace, quels ſeraient les moyens les plus aſſurés de lui plaire.

LISETTE.

Des deux choſes que vous me demandez, je ferai facilemént l'une, parce qu'elle vous intéreſſe & me contente ; nous autres domeſtiques, dont le ridicule devoir eſt d'écouter ſans ceſſe & de ne parler jamais, nous avons tant de pénétration à découvrir les défauts de nos Maîtres, tant de plaiſir à les divulguer ; tenez, cela nous conſole, nous ſoulage, & il ſemble que cette petite médiſance, qui dans le fond eſt bien innocente, allége de tems en tems le poids de l'obéiſſance, & rapproche l'intervalle qui les ſépare d'avec nous. Je vous dirai donc bien ſincerement ce que je penſe d'Araminte ; mais pour vous indiquer les moyens de lui plaire, diſpenſez m'en je vous en prie ; elle n'y réuſſirait pas elle-même. Sçait-elle jamais ce qu'elle penſe, ce qu'elle deſire, ce qu'elle veut ? Veuve depuis deux ans d'un fort galant homme, mais que ſes occupations dans la haute finance empêchaient de veiller un peu soigneusement aux ridicules naiffants de fon époufe, elle a choifi dèslors pour fon idole cette liberté extrême, qui dans l'efprit d'une jolie femme, finit toujours par rendre pénible l'exercice de la vertu. Tour à tour coquette & fenfible, incertaine & bifarre, toujours le cœur vuide, l'efprit jamais oifif, nous avons fucceffivement aimé la Mufique & les petits Chiens, les Magots & les Mathématiques. Notre conduite eft le réfultat des fentimens de la focieté qui nous environne; & jeunes encore, aimables & riches, nous travaillons moins à jouir de la vie qu'à nous étourdir fur notre propre exiftence.

LISIDOR.

Tu ne prens pas garde, Lifette, que ce portrait eft à peu près celui de toutes les femmes de fon état : fi demain la fortune t'en faifait changer, il deviendrait le tien....

LISETTE.

Peut-être, mais il n'en ferait pas moins ridicule. Vraiment, le cœur me dit bien tout bas qu'il n'eft pas trop dans les regles du refpect de juger ainfi fa Maitreffe ; mais, ma foi, s'il y a du mal à le penfer, il y a bien du plaifir à le dire, & l'un va pour l'autre.

LISIDOR.

Par ce que je viens d'apprendre d'Araminte, il ne m'eft pas difficile de foupçonner quel peut être à fes yeux le mérite de mon nouveau Rival.

LISETTE.

Votre Rival, fi donc ! il faudrait, pour qu'il le
fût, qu'il eût au moins l'espoir de plaire ; mais ne
le craignez pas, Lucile élevée en Province sous
les yeux d'une Tante respectable ne connaît que
les douces impressions de la nature & de son cœur.
Tout charmant, tout extraordinaire que le Marquis voudrait bien nous paraître, elle sçait appré-
cier son mérite & s'apperçoit, aussi bien que moi,
tous les jours, que l'histoire de ses valets, le prix
de ses chevaux, le dessein de sa voiture, quelques
faillites, de la mauvaise foi, de l'impertinence &
des dettes ; voilà de cet homme si merveilleux
quels sont en quatre mots la conversation, les
vertus & les vices.

LISIDOR.

Un tel concurrent ne devrait pas être redou-
table. Ta vivacité m'enchante, mais ne crains-tu
pas, Lisette, de me faire un peu aux dépens de
ton cœur les honneurs de ton esprit.

LISETTE.

Eh bien ! que penserez-vous de moi ? Que je suis
trop sincere, je vous l'avoue & tout est dit : aussi
pourquoi ont-ils des ridicules ? S'ils les cachaient
mieux, je n'en rirais pas. On n'est indulgent que
pour les personnes que l'on chérit, &. il est bien
difficile d'aimer des gens qui n'aiment rien eux-
mêmes. Ah ! qu'il me ferait aisé de m'égayer encore aux dépens de la société d'Araminte ! je vous
parlerais de Cidalise la Prude, de la Minaudiere
Ismene qui ne peut dire un mot sans l'accompagner
de la plus jolie petite grimace....

LISIDOR.

Mais ta Maitreſſe ne verrait-elle plus cet homme ſenſé, cet ancien Militaire?

LISETTE.

Qui? ce Baron Philoſophe, qui dit tout ce qu'il penſe & ſe permet de tout penſer? ſi fait vraiment. C'eſt le Tuteur de Lucile, nous lui avons cru pendant quelque tems des vües ſur Madame. Mais tout cela eſt fini, il ne vient ici que rarement, ou plûtôt il n'y vient jamais qu'il n'y ſoit conduit par quelque affaire.

LISIDOR.

Je n'ai rien négligé pour le connaître, malheureuſement il vit ſans ceſſe à la campagne, mon état m'enchaîne à Paris.

LISETTE.

Vraiment, il conſerve toujours le plus grand crédit ſur l'eſprit d'Araminte, & s'il voulait.... Mais quelqu'un vient, c'eſt ma jeune Maitreſſe; ſon petit cœur lui aura dit que je n'étais pas ici toute ſeule....

SCENE II.

LISETTE, LUCILE, LISIDOR.

LUCILE, *d'un ton naïf.*

AH! vous voilà, Monsieur?

LISIDOR.

Quelles que soient mes occupations, belle Lucilé, mes sentimens pour vous se justifient par ma conduite. Je consacre à vous attendre tous les momens où je suis privé de vous voir.

LUCILE.

Je ne m'étonne plus si la fin du dîner m'a tant ennuyée.

LISIDOR.

Que cet aveu m'enchante! ce qui ne serait qu'un trait ingénieux de la part d'une Coquette, devient un sentiment dans votre bouche.

LUCILE.

Gardez-vous d'en tirer avantage, je ne sçais plus ce que je vous ai dit; je suis si troublée! ma mere m'a tant grondée!

LISIDOR.

Et pourquoi?

LUCILE.

Figurez-vous qu'elle n'a presque point dîné, parce qu'elle se dit malade; moi, j'ai cru lui faire ma cour en l'affurant qu'elle n'avait jamais eu le teint meilleur, & point du tout, je l'ai mis d'une humeur affreufe.

LISETTE.

Vraiment, c'eft que vous ignorez encore, Mademoifelle, que rien n'eft moins décent dans le grand monde que de jouir d'une fanté parfaite, à quelque prix que ce foit, on veut infpirer un fentiment. Une jolie Malade fe fait plaindre, & pour la coquetterie, la petite fanté eft une reffource.

LUCILE.

Ah! je te promets que fi j'euffe bien connu ce monde & fes travers, je n'aurais pas tant defiré de quitter la Province.

LISIDOR.

Que vous me chagrinez! ainfi vous haïffez des lieux, belle Lucile, où je puis chaque jour, & vous voir, & vous jurer que je vous aime.

LUCILE.

Vraiment non . . . je fçais bien que ce n'eft pas votre faute. Je ne dois pas vous aimer; mais je puis, je crois, vous avouer que de toutes les perfonnes qui viennent ici, vous êtes le feul dont la converfation me foit chere.

LISIDOR.

Et vous me permettez encore de voir votre douleur, fur la réfolution que, malgré fes promeffes, votre mere a prife de vous unir avec le Marquis.

LUCILE.

Voilà ce qui me defefpere.

LISIDOR.

Vous .... ne l'aimez pas ?

LUCILE.

Je ne le puis fouffrir.... Si cependant on me l'ordonne ....

LISIDOR.

Je vous entens, je fçais que l'obéiffance eft un devoir ; mais ce devoir a fes bornes.

LUCILE.

Vous me le répétez fans ceffe, & d'après vos difcours & mes livres, je fuis quelquefois bien tentée de croire qu'une obéiffance aveugle tient un peu du préjugé, mais quand la réflexion me ramene à moi-même, ce que je crois plus fermement encore, c'eft que l'exacte obfervation des bienféances eft un des premiers devoirs de mon fexe, & qu'entre le vice & la vertu, il n'y a fouvent qu'un préjugé de différence.

LISIDOR.

Que vous êtes charmante, & qu'il eft rare & beau d'unir tant de raifon à tant de graces ! eh bien, ne parlons plus de défobéiffance ; mais par quelque réfiftance au moins tâchons d'obtenir du tems. Si je connais bien Madame Araminte, le Marquis, d'un jour à l'autre, peut lui déplaire ; l'inconféquence & la légereté font le caractere diftinctif des gens à la mode, & mon heureux Rival peut en un inftant perdre tout le crédit que je ne fçais quel heureux hazard lui a fait fi vîte acquérir.

LISETTE *prenant le milieu du Théâtre.*

Oh! ceci me regarde, c'eſt une petite anecdote que je poſſéde & qu'il eſt bon de vous conter. Or, écoutez. Notre Maitreſſe & ſes deux inſéparables, vous reconnaiſſez bien Iſmene & Cidaliſe, ennuiées d'un Tri & ne ſçachant ſur quoi médire, s'aviſerent de s'occuper. Araminte à ce métier acheve une fleur de tapiſſerie; Cidaliſe prend nonchalamment un fil d'or, fait approcher de ſon fauteuil un tambour & brode en bâillant une garniture de robe, tandis qu'Iſmene couchée ſur le canapé travaille un falbala de Marly: on entend des chevaux hennir, l'eſcalier retentit, un Laquais annonce, & le Marquis paraît: » Que je ſuis heureux de vous trouver, Meſda- » mes! mais que vois-je? Que ce point eſt égal! » Comme ces fleurs ſont nuancées! C'eſt l'ou- » vrage des Graces, c'eſt celui des Fées, ou plû- » tôt c'eſt le vôtre «. Auſſitôt il tire de ſa poche un étui, dont aſſurément on ne le ſoupçonnoit pas d'être porteur, il y choiſit une aiguille d'or, s'empare de la ſoie, & voilà mon Colonel qui fait de la tapiſſerie. On le conſidere, on l'admire; mais ce n'eſt rien encore, il quitte Araminte & ſon ouvrage, il court à Cidaliſe, lui dérobe le tambour, & déja ſa main légere acheve le contour de la fleur à peine commencée. Iſmene, la minaudiere Iſmene, laiſſe alors tomber un regard, & ce regard veut dire: *ſerai-je la ſeule délaiſſée, mon ouvrage eſt-il indigne de vos ſoins? Non, Madame, non certainement,* reprend l'impétueux l'impétueux Marquis. Il s'élance fur le canapé, faifit un bout du falbala & accélere d'autant plus fon ouvrage qu'il eft plus jaloux d'être auprès de l'aimable Ifmene. Peignez-vous la furprife, l'extafe de nos trois Femmes ; le Marquis tire fa montre, fuppofe un rendez-vous & les quitte : mais que le fripon fçavait bien avoir gravé dans leurs cœurs la plus profonde idée de fon mérite ! C'eft un homme unique, effentiel ; un Colonel qui brode, qui fait de la tapifferie ; il eft charmant, il faut fe l'attacher ; mais comment ? Lucile eft fille, eh bien ! qu'il foit fon époux. Le defirer, le dire & le vouloir, c'eft l'ouvrage d'un moment ; Araminte prononce, fes deux Compagnes approuvent, & c'eft ainfi que des rares & précieux talens du Marquis, Mademoifelle devient en ce jour la récompenfe & la victime...... Mais chut, taifons-nous, j'éntens Madame, & je doute fort que nos petites réflexions lui conviennent.

SCENE III.

LISETTE, LUCILE, ARAMINTE, LISIDOR.

ARAMINTE.

EN vérité, Lisette, vous êtes une fille bien étrange. [*A Lisidor.*] Bon jour, Monsieur. Que faites-vous ici, Lucile? Il me semble, quand j'ai du monde chez-moi, qu'une fille aussi grande que vous, doit être bonne au moins à faire les honneurs de ma maison.

LUCILE.

Ce n'est que par discrétion que je suis sortie.

ARAMINTE.

Taisez-vous. Je m'apperçois assez, Mademoi-selle, que mes plaisirs vous ennuient; mais vous n'exigerez pas de moi, j'espere, que je m'accoû-tume aux vôtres.

LUCILE.

De grace, ma mere....

ARAMINTE.

Et je sçais bien que je le suis. Rentrez, votre Maître à chanter vous attend. [*Lucile sort.*] Ils veulent absolument, Lisette, m'entraîner ce soir au spectacle. [*A Lisidor.*] Je crois, Monsieur, vous faire assez joliment ma cour.

LISIDOR.

A moi, Madame, ce seul mot me pénétrerait de reconnaissance, si j'osais y trouver une explication.

ARAMINTE.

Voilà de grandes phrases. La Compagnie est dans le petit sallon ; vous, restez dans celui-ci, je veux bien ne pas m'appercevoir que c'est ma fille qui vous y retient, il me semble que cela est fort honnête. Au reste vous me rendez un vrai service & si vous pouviez un peu redresser son esprit.

LISIDOR.

J'ai le malheur, Madame, d'être l'homme du monde le moins propre à cet emploi, & s'il m'était permis de souhaiter quelque chose à votre aimable fille, ce serait de rester toujours la même.

ARAMINTE.

Oh ! vos desirs seront parfaitement remplis : c'est dont je tremble.... Que faites-vous donc là, Lisette ? ne vous ai-je pas dit que j'allais au Spectacle ? il est près de cinq heures. Vous ne songez point à ma toilette.

LISETTE.

Pardon, Madame, mais il y a quelquefois si loin de ce que vous dites à ce que vous faites.

ARAMINTE.

D'accord, mon enfant. Mais aujourd'hui je ne puis disposer de moi-même, je te dis que l'on m'entraîne. [*Lisette sort.*]

LISIDOR.

Je vous en félicite, vous allez, ainsi que tout Paris, admirer ce chef-d'œuvre que chérit plus particulierement son auteur (*) : vous mêlerez vos larmes à celles de Mérope.

ARAMINTE.

Moi, Monsieur, je m'en garderai bien. Ah ! ne présumez pas me surprendre à vos lamentables Tragédies. Mais, fi donc ! une femme ne sort de ce Spectacle que les yeux gros de larmes & le cœur de soupirs. J'ai vû même quelquefois qu'il m'en restait sur le visage, & dans l'ame, une empreinte de tristesse que toute la vivacité du plus joli souper ne pouvait éclaircir. Et qu'est ce que tout cela, s'il vous plaît ? Un tintamarre d'incidents impossibles, des reconnoissances que l'on devine, des Princesses qui se passionnent si vertueusement pour des Héros que l'on poignarde quand on n'en sçait plus que faire, un assemblage de maximes que tout le monde sçait & que personne ne croit, des injures contre les grands & par-ci par-là quelques imprécations ; en vérité cela vaut bien la peine d'avoir les yeux battus & le teint flétri.

LISIDOR.

Mais, Madame, il est des personnes . . . .

(*) J'ai eu l'honneur d'entendre répéter plusieurs fois par M. de Voltaire, que *Mérope* était la Tragédie qu'il préferait.

ARAMINTE.

Eh ! vive l'Opéra-Comique, Monſieur, vive l'Opéra Comique : le Théâtre Italien eſt à mon gré le vrai Spectacle de la Nation ; il n'intéreſſe point l'ame, il n'attache point l'eſprit, il réveille, il anime, il égaie, il enleve.

LISIDOR.

J'ai peine à concevoir comment des Pieces en général auſſi peu ſoignées....

ARAMINTE.

Mais ne donnez donc pas dans l'erreur commune, n'imaginez donc pas que ce ſoit le genre de Pieces qui nous y attire ? Eſt-ce qu'on y prend garde ? Et non, Monſieur, c'eſt la Muſique, c'eſt cette Muſique brillante qu'il eſt du bon ton de trouver ſublime ; pour les Pieces, il y en a que j'ai vûes dix fois, dont je ſerais fort embarraſſée de vous dire le titre ; & pour moi, je fais perſonnellement ſi peu de cas des paroles, que j'ai toujours chez-moi un Poete prêt à me parodier les airs qu'il me prend fantaiſie de chanter.... A propos, on me conſeille de vendre ma Terre en Champagne, vous la connaiſſez, nous en raiſonnerons, je placerai cet argent ſur ma tête & ſur celle de ma fille ; cela m'arrangera, ainſi que le Marquis, dont l'unique deſir eſt d'augmenter ſon revenu.

LISIDOR.

Ainſi malgré l'eſpoir que vous m'avez permis, il eſt décidé que le Marquis ?...

ARAMINTE.

Oui, je lui donne Lucile.... Et vous ne devez pas m'en vouloir.... Je fçais bien quelles
étaient vos vûes ; mais il y a dans ce dernier
arrangement une forte de convenance. Vous tenez à votre état, il eſt triſte, je le ſuis natu-
rellement, & j'ai beſoin d'un gendre qui m'é-
gaie. Au reſte, je ne répons point des évene-
ments.

LISIDOR.

Et moi, je compte ſur eux, Madame ; aujour-
d'hui je cede à mon Rival, mais ſon triomphe
pourrait avoir peu de durée. On le dit encore
attaché au char d'une certaine Comteſſe, que ſans
doute il vous ſacrifie. Je ne le ſoupçonne point
d'oſer jamais vous ſacrifier vous-même. Il eſt pourtant vrai que dans le tourbillon qu'il habite, ſou-
vent les idées du matin ſont contrariées par celles
du ſoir.

ARAMINTE.

Je connais le cœur du Marquis.

LISIDOR.

Je le crois.

ARAMINTE.

Que me veux-tu, Liſette ?

SCENE IV.

LISETTE, ARAMINTE, LISIDOR.

LISETTE.

LA Marquife Céliante....

ARAMINTE.

Cette petite précieufe! quoi! déja des vifites!

LISETTE.

Soyez tranquille, ce n'eft que fon Valet-de-chambre. Comme elle vient d'apprendre que vous allez ce foir au Spectacle, elle vous envoie demander fi vous voulez lui donner une place & venir la prendre.

ARAMINTE.

Comment! férieufement, Céliante me demande?.... Mais, en vérité, Lifette, voilà bien la propofition la plus étrange!

LISIDOR.

Vous ne la voyez plus?

ARAMINTE.

Quelquefois encore.

LISIDOR.

Eh bien?

ARAMINTE.

Rêvez-vous, mon cher Lifidor? que je me

charge de Céliante, que je la conduise au Spectacle ! Mais, j'aimerais autant y mener ma fille.
Vous ne la connaissez donc pas ? C'est la plus
maussade petite créature, d'une indolence, d'une
langueur ! Cela n'a pas vingt ans, & Madame affecte de ne se parer jamais, elle ne met
ni diamans, ni rouge. Elle semble dire : ›› Re-
›› gardez-moi, je suis jolie, mais ces charmes-là
›› sont à moi, il n'y a point d'art, je n'en ai que
›› faire : la nature a pourvu à tout «.... Joignez
à cela son impertinente manie de ne porter jamais
que des ajustemens jaunes & de se placer toujours
à côté de moi qui suis blonde.

LISIDOR.

J'ignorais ces motifs, mais seraient-ils assez
puissans pour vous faire renoncer au plaisir que
vous vous promettiez au Spectacle ?

ARAMINTE.

Assurément. D'ailleurs où Céliante vit-elle ?
A-t-on jamais vû quatre femmes d'un certain
état se resserrer dans une loge & braver en public
tous les hazards de la chaleur ? Pour moi, je n'y
tiendrais pas, & puis il faudrait au moins cinq
ou six hommes pour nous conduire, & tout cela
ressemblerait à un lendemain de noces. Allons,
que ce tracas-là finisse. Que l'on dise à Céliante
que j'ai .... ma migraine & que notre partie est
remise. Je resterai chez moi, j'y verrai du monde.
Faites sçavoir que je suis visible. [*Lisette sort.*].
[*A Lisidor.*] Aussi bien le Baron m'a-t-il écrit
qu'il viendrait ce soir ; s'il ne me trouvait pas, il

faudrait bouder des fiécles. Mais, qu'entens-je?
Serait-ce déja lui? Je vous garde au moins,
Lifidor.

LISIDOR.

Je ferai bien flatté de le connaître.

ARAMINTE.

Ne m'abandonnez pas, je vous en prie, à tout
l'ennui d'un tête à tête de cette efpece. Cet homme eft un original, dont le caractere.... Eh!
bon jour, mon cher Baron.

SCENE V.

LISIDOR, ARAMINTE, LE BARON.

LE BARON.

BON jour, ma belle Dame. Pardon, fi j'entre
fans façon, fans me faire annoncer, mais ce
n'eft pas ma faute. Vos gens font fi occupés à
jouer dans votre antichambre, que, malgré le
bruit que jai fait, ils n'ont pas daigné m'appercevoir.

ARAMINTE.

Il y a des fiecles que vous nous abandonnez.

LE BARON.

D'accord, il y a longtems que je ne fuis venu.
Mais, que voulez-vous? On ne peut pas être
partout. Je ne dis pas partout où l'on s'amufe,

car si on n'allait que là on resterait souvent chez soi.

LISIDOR.

Ce Gentilhomme n'est pas complimenteur.

ARAMINTE.

Vous me paraissez toujours aussi franc qu'à votre ordinaire.

LE BARON.

Et je m'en fais honneur. Il y a tant de gens qui mentent, les uns par goût, les autres malheureusement par devoir, que l'on oublierait enfin l'existence de la vérité, si le cœur de quelque galant homme ne lui servait encore d'asyle. Au reste ce n'est point vous qui me devez reprocher ma franchise, elle vous a souvent été utile & va vous l'être encore aujourd'hui. Je viens vous parler d'affaires.

ARAMINTE.

Oh ! je m'y attendais.

LE BARON.

Vous sçavez que je n'aime pas les visites inutiles ; mais sçavez-vous que l'objet qui m'occupe rend celle-ci très-importante ? Peut-on s'expliquer devant Monsieur ?

ARAMINTE.

Il est de mes amis, il est digne d'être des vôtres, sa réputation même vous est déja connüe : c'est Monsieur Lisidor.

LE BARON.

Oui, j'en conviens ; vous êtes peut être, Monsieur, le seul homme dont je n'ai jamais entendu dire que du bien.

LISIDOR.
C'eſt trop me flatter.

LE BARON.
Entrons donc en matiere. Çà, dites-moi, dois-je ajoûter foi, ma chere Araminte, au ſingulier bruit qui ſe répand de vous dans le monde?

ARAMINTE.
Comment ?

LE BARON.
Etes-vous décidée abſolument à marier votre fille, ſans m'en donner le moindre avis, à un certain Marquis, un extravagant, un fou ſans mérite ?

ARAMINTE.
Doucement, Baron.

LISIDOR à *Araminte à demi-voix.*
Vous voyez, Madame, que je ne ſuis pas le ſeul. . . . .

ARAMINTE.
Oui, je ſens que vous triomphez.... Vous pourriez être mal informé, Baron.

LE BARON.
Je ne le ſçais que trop bien. Croyez-moi les gens de mon état & de mon âge ne ſe compromettent jamais & n'avancent rien ſans en avoir des preuves.

ARAMINTE.
Quelles que ſoient les vôtres, je vous conjure....

LE BARON.
Je vous conjure à mon tour de croire que ce

mariage ne se fera point. Je viens tout exprès ici vous proposer un autre parti pour Lucile.

LISIDOR.

Qu'entens-je?

ARAMINTE.

Et quel est-il ?

LE BARON.

C'est moi.

ARAMINTE.

Quoi! vous-même, Baron ?

LE BARON.

Oui, moi-même ; que trouvez-vous donc là de si surprenant ? Je suis las de vivre seul au sein d'une maison, que ma fortune rend honnête ; mais où mon âge n'appelle plus les plaisirs, je m'ennuie de n'être entouré que de valets qui me volent ou de neveux qui traitent provisionnellement de ma succession avec des usuriers ; & puis, je ne sçais, je me sens un certain vuide dans l'ame ; enfin je veux me marier. J'épouserai quelque personne honnête qui m'aimera, qui en aura l'air au moins; je tâcherai d'en avoir bien vîte une couple d'enfans, dont l'éducation fera l'amusement, la consolation de mes vieux jours; en formant leur cœur je jouirai du mien; cela m'animera, m'occupera; car il faut s'occuper : j'en ai plus besoin qu'un autre, & je ne conçois pas qu'un homme oisif puisse être vertueux.

LISIDOR.

C'est un peu trop vous défier de vos forces, Monsieur, & j'aurais cru qu'une ame aussi bien placée que la vôtre pouvait regarder la liberté comme le premier bonheur de la vie.

LE BARON.

Elle le ferait, fans doute, pour qui n'en abuferait pas. Mais le pouvons-nous au milieu des féductions qui nous environnent? Les plaifirs honnêtes ennuient bien-tôt un homme qui peut fe livrer à tous; l'efprit s'y habitue, les fens s'émouffent, le cœur fe blâfe, le goût s'endort, & ce n'eft plus alors que les excès qui le réveillent; du moins je penfe ainfi, & voilà ce qui me détermine.

LISIDOR.

Je ne m'attendais point à ce nouveau concurrent.

ARAMINTE.

Votre propofition me flatte en même tems qu'elle m'étonne; fongez-vous bien, Baron, que Lucile eft fi jeune?....

LE BARON.

Vraiment, j'avais d'abord jetté les yeux fur vous. Je vous eftime, je vous honore, & même, vû votre âge & d'autres confidérations, peut-être nous conviendrions-nous beaucoup mieux; mais vous vivez dans le monde, vous l'aimez, il faudrait y renoncer, & je m'apprécie; je n'en vaux pas le facrifice. C'eft à la main de Lucile que j'afpire : elle a été élevée en Province; elle eft jeune, affez naïve, il lui en coûtera moins pour fe faire à ma façon de penfer; car je vous déclare que j'ai deffein de vivre dans mes terres.

ARAMINTE.

Voilà une résolution bien sévere.

LE BARON.

Vous le croyez vous autres que le tourbillon du monde entraîne, vous ne concevez pas le plaisir qu'il y a de vivre loin du tumulte & chez soi : une maison simple & bien disposée, où l'agréable s'unit sans faste à l'utile, un Ciel serein, un air pur, des alimens salubres, des vêtemens commodes, une société peu nombreuse, mais choisie, des plaisirs vrais que ne suit jamais le repentir, & qui servent à la santé loin de la détruire. C'est-là, c'est du sein de son château qu'un bon Gentilhomme voit se fertiliser sous ses yeux la terre, qu'il a souvent aidé à défricher lui même. Les arbres qu'il a plantés s'élévent sous sa vue & sa joie s'accroît avec eux. Entouré de Paysans qui le chérissent en pere, il les anime au travail le moins estimé, mais le plus noble ; il les encourage, il les récompense. Ces gens-là ne le louent pas, mais ils le bénissent, & cela vaut mieux. Il connait ses prérogatives, il n'y déroge pas, mais il rougirait d'en abuser ; il sçait qu'il commande à des hommes, & c'est en les rendant heureux qu'il s'assure le droit de l'être lui-même.

ARAMINTE.

Je ne puis m'y refuser, Baron, il y a bien du vrai dans ce que vous dites. Quant à ma fille, j'en suis au désespoir ; mais les engagemens que j'ai pris sont d'une nature à ne se pouvoir rompre,

& fi j'ofais manquer aux égards que je dois au Marquis, voici Monfieur qui depuis longtems fe propofe.

LE BARON.

Quoi! Lifidor auffi prétend à Lucile?

LISIDOR.

Je l'ai vûe, c'eft une excufe pour l'aimer, un titre pour lui vouloir plaire. S'il m'eût été poffible de vous prévenir fur mes fentimens.....

LE BARON.

Il me fuffit. Vous fçavez ce que je penfe de vous, & je ne veux pas qu'il foit dit que j'aie jamais fait obftacle au bonheur d'un galant homme.

ARAMINTE.

Sans doute, vous nous demeurez? On pourra s'amufer; j'ai du monde.

LE BARON.

Raifon de plus pour que je vous quitte.

ARAMINTE.

Au moins revenez fouper; j'ai quelques projets à vous communiquer à mon tour.

LE BARON.

J'ai, de ma part, auffi bien des chofes à vous dire. Je reviendrai; mais à condition que nous ne ferons pas plus de huit à table, & que les valets fortiront dès qu'ils auront fervi.

ARAMINTE.

On fera tout ce qui pourra vous plaire.

LE BARON.

En ce cas, à ce foir. (*A Lifidor.*) Vous m'intérefsez , tenez ferme ; & s'il en eft befoin, je vous promets mon fecours. Au revoir, ma charmante Araminte. (*Il fort.*)

ARAMINTE.

Quoique le Baron fe plaife à paraître extraordinaire , on ne peut lui refufer un fonds de bon fens & de probité.

LISIDOR.

Il ferait à fouhaiter que tous les hommes lui reffemblaffent.

SCENE VI.

DAMON, ARAMINTE, LISIDOR.

ARAMINTE.

VOus voilà , Monfieur Damon ? Que font nos Dames ?

DAMON.

Elles vont fe rendre ici ; & , fi cela peut vous plaire , Madame, je n'attendrai plus que vos ordres & leur préfence pour commencer la lecture de ma Tragédie. Vous m'avez paru la defirer.

ARAMINTE.

Oui, j'en ferai charmée : cela vient à miracle ; je refte chez moi ; & , tenez , voilà Monfieur (*en montrant Lifidor,*) qui pourra vous donner d'excellens avis : c'eft un connaiffeur.

DAMON.

Je n'en doute pas...... Cependant, pour des
avis ,

avis, je les écouterai, sans doute.... Mais....
ma Piece est finie, Madame ; & je crois avoir
à peu près tout prévu ; ainsi il ne reste plus......

LISIDOR, *en souriant.*

Que des éloges à en faire.

DAMON.

Je l'espere au moins : le choix du sujet a gé-
néralement paru très-heureux ; les situations frap-
pantes, les incidens bien ménagés....... Pour la
versification, c'est un médiocre avantage, j'en
conviens : mais encore en est-ce un ; & parmi les
Auteurs naissans, je n'en apperçois pas qui s'avise
de me le disputer.

ARAMINTE.

Pour moi, j'ai la plus haute idée de votre ouvrage. Votre mérite a déjà percé.

DAMON.

Il est vrai, Madame ; *j'avais à peine mes dix-*
neuf ans que je faisais déjà parler mon cœur.

ARAMINTE.

Il faudra me faire avertir : quoique j'aie renoncé aux Tragédies, je violerai pour vous mon ser-
ment..... Nous aurons des loges.

DAMON.

N'en doutez pas : j'ai toujours compté sur votre bienveillance ; & , en vérité, pour nous sou-
tenir dans la carriere des Arts, nous avons besoin
que les personnes de votre rang daignent semer
quelques roses, sur les épines dont elle est
remplie.

ARAMINTE, *à Lisidor.*

Comme il parle ! (*A Damon.*) Vous pouvez

C

compter fur moi ; j'y menerai vingt femmes. Je vous le répete, j'en augure beaucoup. Je juge de votre Tragédie par la jolie chanfon que vous m'avez adreffée le jour de ma fête...... Je veux vous la montrer, Lifidor : vous en ferez féduit ; elle eft toute ame.

SCENE VII.

LISETTE, LISIDOR, LUCILE, DAMON, CIDALISE, ARAMINTE, ISMENE, L'ABBÉ.

Les portes s'ouvrent ; les deux femmes entrent d'abord. Ifmene s'appuie fur le bras de l'Abbé. Lifidor va au-devant de Lucile qui fuit avec Lifette *.*

ARAMINTE, *allant au-devant.*

EH ! venez donc, mes charmantes.........
Vous fçavez notre aventure ?

CIDALISE.

Lifette nous l'a racontée.

ISMENE.

Cela eft incroyable ; cette petite Céliante a la fureur de fe montrer partout.

ARAMINTE.

Il s'agit bien de cela vraiment ! c'eft le Baron ;

* J'ai, felon mon ufage, noté la Pantomime de cette Pièce, dont, fans cette précaution, beaucoup d'endroits feraient inintelligibles.

il fort d'ici : il eft venu tout exprès pour me demander Lucile.

CIDÁLISE.

La bonne folie ! Mais c'était fur toi que nous
avons toutes cru qu'il avait des vues.

ARAMINTE.

Je le foupçonnais fans m'en occuper.

ISMENE, *à Lucile.*

Je vous en fais mon compliment , Mademoifelle; le nombre de vos Amans s'augmente avec
vos charmes. On dirait que tous les afpirans fe
font donné rendez-vous aujourd'hui. Le Baron
vient de fortir , Monfieur Lifidor eft ici, & le
Marquis ne peut tarder d'y paraître.

ARAMINTE, *à Ifmene.*

Ah! j'efpere être bien-tôt délivrée de toutes
ces tracafferies. (*Les Domeftiques préparent des
fiéges.*) Voulons - nous nous affeoir ? Monfieur
Damon nous doit gratifier d'une lecture.

ISMENE, *à l'Abbé.*

Ah! ciel! foupçonnez-vous ce que ce peut
être ?

L'ABBÉ.

Je m'en doute. Quelque Tragédie de fa façon.

ISMENE, *à part.*

Je fuis déjà morte. (*haut.*) Monfieur , nous la
lirez-vous toute entiere ?

DAMON.

Mais. . . . . comme il vous plaira , Mefdames.

ISMENE.

C'eſt qu'une Tragédie, je crois, eſt bien longue; cela pourrait vous fatiguer.

DAMON.

Oh! point du tout, Meſdames : on oublie aiſément ſes peines quand on réuſſit à vous amuſer. Je vais commencer. . . . (*On s'aſſied.*)

ARAMINTE, *à Iſmene.*

Vous n'avez donc rien gagné ſur notre cher Abbé ?

ISMENE.

Je le vais bouder pour la vie; il eſt d'une mauſſaderie inſoutenable.

L'ABBÉ.

Mais . . . . c'eſt vous, Meſdames, qui êtes de la derniere barbarie. Eſt-ce jamais après le dîner que l'on chante ? J'ai la poitrine ſi cruellement fatiguée ! . . . . A peine puis-je parler. . . . . . (*Il touſſe.*) Vous voyez. . . . . J'ai paſſé la moitié de la nuit chez une jeune Ducheſſe où l'on m'a fait impitoyablement chanter un acte de l'Opéra & ſix Romances. . . . . Il y a des gens qu'on n'oſe refuſer.

ARAMINTE.

C'eſt-à-dire que vous nous rangez dans la claſſe de ceux que l'on peut refuſer ſans crainte.

L'ABBÉ.

Point du tout; mais, au défaut de la harpe, au moins, pour chanter, faudrait-il une guittare. (*Liſette ſort.*)

CIDALISE.

C'est malice toute pure : les gens de son état
sont accoutumés qu'on les cajole.

ISMENE.

Ce sont de petits mortels assez heureux.

DAMON.

Le sujet de ma Tragédie......

L'ABBÉ.

Il est vrai que l'on nous accueille. Sans devenir
la terreur des maris, nous faisons quelquefois l'a-
musement des Dames.

ISMENE.

Ce n'est point en ce moment ; ou votre complaisance......

LISIDOR.

Ne vous fatiguez pas, Mesdames; je connais
Monsieur l'Abbé : il ne chantera point; vous l'en
priez trop.

ARAMINTE.

J'entens quelqu'un ; ferait-ce déjà le Marquis ?

SCENE VIII.

LISETTE, LISIDOR, LUCILE, DAMON, CIDALISE, LE MEDECIN, ARAMINTE, ISMENE, L'ABBÉ.

LISETTE.

C'EST votre Médecin, Madame.

ARAMINTE.

Qu'il entre ; j'en fuis ravie ; qu'il entre. Venez ; je vous fçais bon gré de ne pas m'abandonner. Ifmene, je vous demande votre confiance pour Monfieur. . . . Un fauteuil, Lifette. . . . . . . Ce cher Docteur, c'eft qu'il eft bien moins mon Médecin que mon ami. C'eft par attachement qu'il me traite , & dans ma derniere migraine , il ne m'a pas quittée d'une minute.

LE MÉDECIN.

Que voulez-vous ? Quoique vous nous faffiez mourir , il faut bien fonger à vous faire vivre..... Toutes vos fantés, Mefdames , me paraiffent affez belles ?

ARAMINTE.

Oh ! point du tout.

DAMON, *à part.*

Me voilà perdu.

L'ABBÉ, *à Ismene.*

Vous croyez aux Médecins, Madame?

ISMENE.

Comme aux Abbés.

L'ABBÉ.

Toujours méchante.

LE MÉDECIN.

Comment donc! Quelles font ces indociles maladies que notre fagacité ne peut réduire! Oh! nous en viendrons à bout, Madame..... Voyons.... Juftement..... L'eftomach délabré...... & l'appétit?

ARAMINTE.

Eft-ce qu'on mange?

LE MÉDECIN.

Crachez-vous?

ARAMINTE.

Je crois qu'oui.

LE MÉDECIN.

Tant mieux. Pourfuivons..... Nous avons des nuages devant les yeux, des difparates dans la tête?

ARAMINTE.

Précifément.

LE MÉDECIN.

Je l'aurais gagé..... Allons, allons : il faut prendre un parti férieux : il faut du régime, fe mettre à l'eau de poulet. Je vous jure qu'avec des bols de favon nous parviendrons à atténuer ces humeurs errantes.

C iv

LISIDOR.

Des bols de favon !

LE MÉDECIN.

Oui, Monfieur : c'eft un fpécifique divin que, depuis deux ans, je réuffis à mettre à la mode. Les anciennes drogues dont nos ancêtres faifaient ufage, pouvaient convenir à leurs fantés robuftes & groffieres : mais aujourd'hui tout doit être foumis aux loix de notre délicateffe & de nos graces. Voudriez-vous, par exemple, que je déchiraffe l'eftomach d'une jolie malade avec du miel aërien, qui ne purge que par indigeftion ?

L'ABBÉ.

Oferais-je vous demander, Monfieur, ce que c'eft que du miel aërien ?

LE MÉDECIN.

C'eft de la manne, Monfieur l'Abbé ; c'eft de la manne. Non-feulement nous avons renoncé aux drogues antiques : mais nous avons encore changé leurs dénominations vulgaires.

ARAMINTE.

Il eft charmant.

DAMON, *à part.*

Oh ! des gens auffi fuperficiels ne fentiront jamais les beautés mâles de ma Tragédie.

LE MÉDECIN, *à Ifmene.*

Et vous, Madame, pour lier connaiffance, n'avez-vous pas quelque confidence à me faire ?

ISMENE.

Mais vraiment oui.

L'ABBÉ.

Vous allez aussi consulter ?

ISMENE.

Sans doute ; ne me connaissez-vous pas de la langueur, des tiraillemens ?

L'ABBÉ, *à part.*

Je n'y tiens plus.

(*L'Abbé se leve, se promene, ouvre des Livres de Musique, prend une Guittare.*)

LE MÉDECIN.

Doucement, s'il vous plaît, Madame ; doucement. De la pesanteur, dites-vous ; des dégoûts..... M'y voici..... Quelques éblouissemens...... Des impatiences de fibres..... Vapeurs que tout cela, vapeurs...... Le fluide nerveux que la chaleur électrise..... Des nerfs qui se crispent...... Une sorte de spasme..... Vous portez sur vous des eaux de Cologne, de fleurs d'orange ?

ISMENE.

Toujours.

LE MÉDECIN.

C'est bon. Il faut conserver cet usage-là. J'irai demain matin vous faire ma cour ; je serai bien aise de vous voir un peu assiduement, afin de mieux étudier les causes de votre état.

LISIDOR, *à Lucile.*

Le ridicule personnage !

CIDALISE.

Plus je l'écoute, plus il m'enchante.

DAMON, *en se levant.*

Comme les momens s'écoulent! Si vous vouliez permettre, Mesdames......

ARAMINTE.

Ah! de grace, Monsieur Damon, quartier.
Laissez-nous jouir du cher Docteur.

DAMON, *à part.*

J'enrage: où me suis-je fourré?

LE MÉDECIN.

Et vous, belle Cidalise?

CIDALISE.

Je ne suis gueres mieux.

LE MÉDECIN.

Je le crois. C'est contre mon avis que vous
avez fait éventer la veine. Mais voilà comme
vous êtes, Mesdames : depuis que votre petit
Chirurgien s'est donné le renom d'un joli saigneur,
il vous fait tourner la cervelle...... Je devrais,
pour vous punir, vous abandonner à sa lancette
inhumaine, vous laisser épuiser jusqu'au blanc:
mais vous êtes si interressante! Voyons ce pouls;
il est fréquent, mais égal : l'appétit, je parie,
modeste, mais franc; & le sommeil rare, mais
doré. Je ne vous conseille pourtant pas de vous
tranquiliser sur ce prétendu bien-être : il faut du
régime, de l'exercice & de la petite diette......
A vous, mon aimable Demoiselle.

LUCILE.

Oh! Monsieur, je me porte très-bien.

LE MÉDECIN.

Je n'en crois pas un mot.

LUCILE.

Mais j'en suis bien sûre, moi.

ARAMINTE.

Eh ! bien ! n'allez-vous pas faire ici la ridicule, quand Monsieur le Docteur a pour vous des complaisances ?

LE MÉDECIN.

Il suffit : ne chagrinons point ce cher enfant ; ne contraignons personne. La vivacité de ses yeux cependant me fait soupçonner dans son sang une forte d'effervescence dont je croirais prudent de prévenir les effets par de petits calmans, par quelque préparation d'aconit ou de ciguë, que nous lui proposerons dans une crême aux pistaches.

LISIDOR.

En vérité, Monsieur, j'ai cru jusqu'à ce moment qu'un habile Médecin ne devait consacrer ses lumieres qu'à soulager, ou du moins consoler la faible Humanité : mais vos sçavans discours ne tendent qu'à l'épouvanter. De grace, laissez-nous attendre les maux : nous n'aurons que trop tôt recours aux remedes.

LE MÉDECIN.

Voilà précisément ce que pense un peuple de Médecins qui ne songent qu'à guérir. Mais moi, Monsieur, mais moi, j'étudie le caractere, la tournure d'esprit de mes Malades ; je prévois les accidens, & j'aime mieux préparer, & même, dans l'occasion, prolonger une maladie, que de trancher dans le vif, & vous rendre en huit jours une santé grossiere dont on ne jouit dans le monde que pour en abuser.

LISIDOR.

Voilà certainement une étrange politique!

L'ABBÉ, *préludant.*

La, la, la, la, la.

CIDALISE.

Chut, taisons-nous.

DAMON, *lisant.*

Tant mieux...... Scene premiere.....

HIDASPE.

Du centre des Déferts de l'inculte Arménie.

CIDALISE, *l'interrompant.*

Paix donc : l'Abbé ne se doute pas qu'on l'écoute.

L'ABBÉ.

AIR : Noté à la fin.

Serait-il vrai, jeune Bergere,
Que mes soins n'ont pu vous charmer?
Que d'efforts il faut pour vous plaire!
Il n'en faut pas pour vous aimer.

LE MÉDECIN.

Voilà du délicieux.

ARAMINTE.

Perfonne ne chante mieux que lui.

LISIDOR.

Surtout quand on ne l'en prie pas.

L'ABBÉ.

Comment! eft-ce que j'ai chanté?

ISMENE.

Oui, par diftraction, ou par contradiction

plutôt. Mais on vous le pardonne ; la bizarrerie eft l'appanage du talent.

L'ABBÉ.

Quand j'ofai découvrir ma flamme ,
J'attendais un fort plus heureux.
Tout le feu qui brûle mon ame
Ne peut - il qu'animer vos yeux ?

Amour , dans fes bras tu repofes ;
De fon teint tu peins la blancheur.
Je t'ai vu fur fon fein de rofes ;
*Je te cherche encor dans fon cœur *.*

ISMENE.

L'air eft charmant.

LE MÉDECIN.

Expreffif.

L'ABBÉ.

Le trouvez-vous ? Ce n'eft en vérité que l'ou-vrage d'une matinée.

ARAMINTE.

Il eft de vous ?

L'ABBÉ.

Oui, Mefdames.

DAMON.

Les paroles. . . . .

L'ABBÉ.

Eh ! bien, la, fincerement, qu'en penfez-vous ?

* Cette Chanfon eft , ainfi que la Romance du *Sorcier ,* l'imitation d'un Sonnet du Chevalier *Zappi.*

DAMON.

Ma foi, je les trouve affez médiocres.

L'ABBÉ.

Tout le monde, Monfieur, n'eft pas de votre avis ; & quand je les ai compofées.....

ARAMINTE.

Comment ! elles font auffi de vous ? Mais il eft univerfel, notre cher Abbé.

L'ABBÉ.

Monfieur n'a pas daigné faifir l'union intime, le tour de chant, la phrafe muficale.....Je vais recommencer.

LE MÉDECIN, *fe levant.*

Je fuis pénétré de ne pouvoir vous entendre.

ARAMINTE.

Vous nous demeurez à fouper ?

LE MÉDECIN.

Eft-ce que cela m'eft poffible ? Je cours au Marais ; les infomnies y font fort à la mode : de-là au Fauxbourg Saint Germain, où regnent les petites fievres. J'ai vingt fantés à confulter. En vérité, quand je fonge à toutes mes courfes, le fort de mes chevaux me fait pitié. J'ai condamné la vieille Orphife.

ARAMINTE.

Décidément ?

LE MÉDECIN.

Oui ; cela eft fini. Elle s'eft entêtée d'un certain Empyrique...... Je vous conterai quelque jour fon aventure. Adieu, Mefdames. (*A Araminte.*) Du régime, je vous en prie. (*A Ifmene.*)

Je ferai demain à vos pieds. (*A Cidalife.*) De grace, congédiez-moi votre petit Chirurgien. (*A Lucile.*) Bon jour, ma belle poulette. (*Aux hommes.*) Meffieurs ; je vous falue. (*Il fort.*)

SCENE IX.

LISIDOR, LUCILE, DAMON, CIDALISE, ARAMINTE, ISMENE, L'ABBÉ.

DAMON.

Je puis efpérer qu'à préfent.

ARAMINTE.

Oui, cela eft trop jufte. Commencez, Monfieur Damon.

L'ABBÉ, *à part.*

On ne s'occupe plus de nous, fortons. (*haut.*) Mefdames, vous m'excuferez.

ISMENE.

Comment !

L'ABBÉ.

Je n'ai pas l'honneur de me connaître en Tragédies. D'ailleurs, mon fuffrage importe peu à Monfieur. Nos goûts différent ; les paroles que j'ai chantées lui ont déplu.

ARAMINTE.

Liberté toute entiere, mon cher Abbé : mais
si vous vouliez être tout-à-fait charmant, vous
auriez la complaisance d'accompagner ma fille à
son clavecin. Je ne la crois pas curieuse des grands
Poëmes. Le Baron qui ne peut tarder à revenir,
serait charmé de vous entendre, & Lucile ap-
prendrait de vous quelque jolie Romance.
(L'Abbé salue Araminte, baise la main d'Ismene,
& présente la sienne à Lucile après avoir dit :)

L'ABBÉ.

Il suffit que cela vous plaise, Madame : il n'est
rien que je ne vous sacrifie. Je vous suis, Ma-
demoiselle.

LISIDOR, *à Lucile.*

Que ne puis-je vous accompagner ? *(Lucile*
sort avec l'Abbé ; Lisette les suit.)

SCENE X.

SCENE X.

LISIDOR, DAMON, CIDALISE, ARAMINTE, ISMENE, *ensuite* LISETTE.

ISMENE.

EH! bien, ai-je tort de protéger l'Abbé ? Est-il rempli de complaisance ?

ARAMINTE.

J'aimerais bien qu'il en manquât chez moi ! Ah ! çà, rien ne nous occupe. A vous, Monsieur Damon.

DAMON, *prenant la main de Lisidor qui est distrait.*

Suivez-moi, Monsieur, s'il vous plaît ; le titre de ma Tragédie est CYRUS, fils de Cambise. Vous sçavez, Mesdames, que le Tyran Astyages.....

ISMENE.

Mais puisque Monsieur veut nous lire, ma toute bonne, si nous demandions des cartes ?

DAMON.

Comment !

ARAMINTE.

N'est-ce pas à vous à commander chez moi ? Lisette, allons vîte, une table. (*Lisette arrive, & fait apporter une table.*)

ISMENE.

Lisidor, je crois, n'est pas joueur. Il écoutera

D

mieux, & nous ferons un Tri, nous autres, pendant que Monsieur Damon lira sa Tragédie.

DAMON, *à part.*

Ah ciel! je n'en puis revenir. (*On dispose la table.*)

CIDALISE.

C'est on ne peut mieux imaginé. Tu sçais, ma chere, que je ne puis vivre un moment dans l'inaction.

LISETTE.

Voilà tout préparé.

DAMON.

Quoi! Mesdames, est-ce bien sérieusement?

ISMENE.

Oui...... Vous allez voir........ Cela ne dérange rien; au contraire. Tirons d'abord les places. Bon. Araminte, Cidalise, & moi.... Vous, allez vous mettre ici.... (*Elle dispose une chaise qu'elle place au coin de la table qui doit être au côté gauche du Théâtre.*) Oui, là. Vous nous tournerez le dos, afin d'être moins distrait.

LISIDOR, *à part.*

Voilà des Auditeurs bien attentifs!

DAMON, *à part.*

Non, je ne sçais où j'en suis. Pauvres talens, comme on vous humilie! Oh! qu'il est cruel d'avoir besoin de certaines gens! N'importe..... (*Il remet son cahier dans sa poche.*) Adieu, Mesdames, c'est moi qui craindrais de vous distraire de vos grandes occupations.... J'en aurais du regret.....Et.... je suis votre serviteur.

(*Il sort.*)

SCÈNE XI.

LISIDOR, ISMENE, ARAMINTE, CIDALISE, *jouant.*

CIDALISE.

JE crois tout de bon qu'il s'en va.

ARAMINTE.

J'en suis extasiée. Mais que dites-vous donc de ce petit Auteur ?

ISMENE.

Qu'il est impertinent. Ne faut-il pas tout quitter pour écouter la Tragédie de Monsieur ?

CIDALISE.

Je la crois détestable.

ARAMINTE.

Cela ressemble à tout, ou n'a pas le sens commun.

LISIDOR.

Le trouvez-vous bien récompensé des soins qu'il prend pour vous plaire, & de la jolie chanson qu'il vous a jadis adressée ?

ARAMINTE.

Comment ! vous approuvez sa conduite ?

LISIDOR.

Oh ! point du tout, Madame ; je suis chez vous, je pense qu'il a tort.

ARAMINTE.

Allons, venez me conseiller...... Le cœur
n'est-il pas la surfavorite ?

SCENE XII.

ISMENE, ARAMINTE, CIDALISE,
jouant ; **LISIDOR,** *tantôt derriere le fau-*
teuil d'Araminte, tantôt se promenant ; **LE**
MARQUIS, *qui se place à la droite d'Is-*
mene...... La table est à la gauche du Théâtre.

LE MARQUIS, *dans la coulisse.*

OUI, oui, j'arrangerai tout cela. Je verrai,
j'irai, je parlerai.

CIDALISE.

C'est le Marquis.

ISMENE.

C'est lui-même.

LISIDOR.

Je vais donc voir ce dangereux rival. (*Le*
Marquis entre.)

CIDALISE.

L'étourdi ! Pourquoi venir si tard ? Voilà notre partie arrangée. Nous aurions fait un ré-
versis.

LE MARQUIS.

Ma foi, Mesdames, on arrive quand on peut.
Il est pourtant réel que, pour tarder moins, je

n'ai pas dormi quatre heures. Auſſi, ſuis-je anéan-
ti… (*A Liſidor.*) Monſieur, je vous ſalue. Mais vous
êtes bien ſeules, Meſdames. Oh! voilà qui eſt décidé : je termine dès demain ma ſatyre contre les
bals. En honneur c'eſt un attentat contre la vie
des Citoyens.

ARAMINTE.

Pourquoi les ſuivre tous ? Pourquoi déranger
ſa ſanté ?

LE MARQUIS.

Comment voulez-vous qu'on faſſe ? Faut-il ſe
réſoudre à paſſer pour un Anachorete, un ridicule, un ſage ? Vraiment la ſanté ſe délabre ; il
y a près de dix ans que je ne puis accoutumer la
mienne à ſe ſoumettre à mes fantaiſies. Mais,
après tout, ſi on avait une ſanté, pourrait-on
ſoutenir une campagne, vivre à la Cour, s'amuſer à Paris ?

ISMENE.

Il a raiſon….. Allons, voyons pourtant ; ce
ſera en pique, le Roi de trefle.

LE MARQUIS.

A propos, dites-moi donc ; je viens de ren-
contrer le bel eſprit Damon : il m'a paru d'une
humeur ſanglante. J'ai d'honneur cru que c'était
à moi qu'il en voulait.

CIDALISE.

Il venait nous lire toute une Tragédie….. La
préférence.

LE MARQUIS.

Ah! ciel!

ARAMINTE.

Je te la céde. J'avais pourtant un affez joli mé-
diateur de ce côté.

LISIDOR.

Il étoit fûr.

ISMENE.

De grace, point de confeils. (*Pendant ce tems
le Marquis regarde le jeu d'Ifmene, & lui préfente
du tabac.*)

ARAMINTE.

Ne crains rien ; je fuis d'un guignon décidé.....
Le Roi de carreau...... Pour revenir au petit
Damon, il s'eft avifé de prendre de l'humeur, je
ne me fouviens plus fur quoi, & tout en gron-
dant il nous a débarraffées de fa perfonne & de
fon ouvrage.

LE MARQUIS.

Ah ! je refpire. Le dénouement n'eft pas mal-
heureux. Eft-ce qu'on fait de ces efpeces là fa fo-
ciété ? Il eft des Gens de Lettres d'un vrai mérite avec qui l'on fe fait honneur d'être lié : mais
pour ceux-ci, on les reçoit quelquefois le matin,
pour leur commander une chanfon, ou bavar-
der pendant que l'on s'habille. Ou, le foir, oui
le foir, on en raffemble une couple : on les ex-
cite, on les irrite l'un contre l'autre ; alors ils
s'attaquent, ils s'accablent d'épigrammes, s'in-
jurient, fe déchirent : cela eft plaifant, divin.
Tenez, cela reffemble affez aux combats de coqs
que l'on donne à Londres ou fur nos navires. C'eft
un cadeau dont je veux vous régaler. Il eft vrai

qu'il en résulte le petit désagrément de les saluer le lendemain en Public, mais on a ri & cela console.

ARAMINTE.

Il est affreux de ne pouvoir jouer une seule fois.

LISIDOR.

Madame, à la vérité, n'est pas heureuse.

LE MARQUIS.

Aussi vous ne risquez jamais rien. Il faut sçavoir brusquer la fortune. Mais vous me ressemblez : vous êtes trop prudente. Ce matin, cependant, j'ai pensé avoir ce qui s'appelle une affaire.

ARAMINTE.

Toujours des aventures. Et quelle est celle-ci..? Je passe.

LE MARQUIS.

Vous connaissez mon cocher, sa témérité, sa fierté, son bouquet, ses moustaches: c'est un coquin... je l'aime à la folie. Je veux pourtant le gronder. Ce maraud-là me fera quelque jour une scene. Il s'est avisé de couper un triste berlingot, dans le fond duquel s'enterrait je ne sçais quel personnage. Mon homme s'est fâché, a baissé sa glace, a prétendu que je devais connaître sa livrée, ses armes. Ma foi, moi, je ne connais gueres que celles du Roi & les miennes. Je descends de ma voiture ; il m'imite ; on s'échauffe, les valets se battent, le peuple accourt, & mon hibou tout essoufflé, tout murmurant, est remonté dans sa cage en m'annonçant qu'il s'allait plaindre......

LISIDOR.

Mais cette affaire, Monsieur, pourrait devenir sérieuse : il serait de la prudence de prévenir......

LE MARQUIS.

Oh ! parbleu, qu'il se plaigne. Vous verrez qu'on ne pourra plus courir Paris sans avoir le blason dans sa poche.

LISIDOR, *à part.*

Je sçais à présent à quoi m'en tenir sur le compte de mon Rival.

LE MARQUIS.

Que vois je ? ce cher métier est encore monté ! ce fauteuil n'est point fini ? Mais à quoi tuez-vous donc le tems ? Oh ! cela prouve bien qu'il y a longtems que je ne vous ai donné de bons exemples, que je n'ai mis la main à l'ouvrage.

ISMENE.

Oh ! oui ; il vous sied bien de parler d'ouvrage ! vous êtes cause que ma petite robe n'est point montée. Vous vous donnez les airs de m'emporter un rang de falbala, sous prétexte d'y travailler.

LE MARQUIS.

Aussi fais-je : mais peu vous importe, pourvû que vous grondiez, & que vous fassiez aux gens une petite moue, que vous sçavez bien qui vous rend plus charmante encore.... Tenez, vous ne ménagez point vos amis ; c'est votre défaut, Ismene : Eh ! bien, je vous jure que je n'ai que

votre falbala dans la tête, que je m'en occupe férieufement.

LISIDOR, *à part.*

La belle occupation!

LE MARQUIS.

Hercule filait pour Omphale. Vous furpaffez la
maitreffe en beauté, je ne me pique pas d'avoir
toute la célébrité de l'amant : mais au moins
fuis-je jaloux de l'égaler en complaifance comme
en courage. Si je vous prouvais que je n'ai ceffé
ce matin de travailler à votre ouvrage en raifon-
nant avec mon Avocat ; que je le porte toujours
fur moi....

ISMENE.

Bonne plaifanterie!... Donnez moi Spadille.

LE MARQUIS.

Parbleu ! votre petite incrédulité mérite d'être
confondue. Tenez, tenez. [*Il tire différentes chofes
de fa poche, enfin un fac à ouvrage.*] Non, ce n'eft
pas cela ; ce font les jarretieres de Life, les nœuds
de Chloé.... Ah! bon, voici votre affaire.

ISMENE.

Que vois-je? avec le fac ! il eft charmant. [*Aux
femmes.*]Vous permettez? Comment! un étui, des
cifeaux, des aiguilles !

LE MARQUIS.

Oh ! rien ne me manque.

CIDALISE, *jettant fon jeu.*

Cela eft rebutant. En vérité, Monfieur le Marquis, vous êtes très aimable : mais vous pourriez

attendre la fin de la partie ; on ne peut s'occuper
de son jeu, & vous écouter.

LE MARQUIS.

Bon ! de l'humeur ! allons, la paix ; on se taira.
Je vais, pendant que vous finirez, m'amuser à
cette tapisserie. Mais, diable ! dussiez-vous m'en
vouloir encore, j'oubliois précisément ce que je
suis venu tout exprès pour vous dire. [*Il enfile une
aiguille.*] C'est une chose assez particuliere.

ARAMINTE.

Comment donc ?... C'est à vous à parler, Cidalise.

LE MARQUIS.

Vous connaissez bien le Comte d'Orvigni ?

CIDALISE.

Oui vraiment... Nous en sommes aux tours dou-
bles.

LISIDOR.

Quoi ! cet ancien Militaire, cet homme respectable ?

LE MARQUIS.

Justement.... Eh ! bien : il est mort.

ISMENE.

Cela est incroyable... Je demande....

LE MARQUIS.

Il s'est avisé d'expirer subitement, hier au
soir.

ARAMINTE.

Vous me désolez... Voilà mon Roi, deux fiches.

LE MARQUIS.

Cela dérange beaucoup le souper qu'il devait
nous donner.

LISIDOR.

Il était votre intime ami, Madame.

ARAMINTE.

Vraiment oui: vous m'en voyez pénétrée... C'est
à vous à parler, Cidalise.

LE MARQUIS.

Il n'a pas eu le tems de mettre le moindre ordre dans ses affaires.

ARAMINTE.

Je le jouerai sans prendre...Cela est cruel, Marquis... Le coup est assez beau... Sa pauvre Veuve...
C'est en cœur, Mesdames.

ISMENE.

En favorite ! nous voilà ruinées.... Mais que ne
fait-elle des démarches ?

ARAMINTE.

Sans doute... Spadille... Mon cher Comte...
Manille... Il m'a rendu de très-grands services...
Valet, Dame & Roi de cœur.

LE MARQUIS.

Nous lui avons conseillé de prendre un parti
dans cette affaire.

ISMENE.

C'est tout simple ,, Doucement, j'ai Baste & encore une main.

ARAMINTE.

Il laisse de petits enfans... J'aurais gagé pour la
volte.... Marquis, vous m'avez serré le cœur ....
Il me revient encore deux fiches.

SCENE XIII.

ISMENE , ARAMINTE , CIDALISE, LISIDOR, LE MARQUIS, LISETTE.

LISETTE *accourant.*

AH ! Madame., votre Serin vient de s'échapper.

ARAMINTE.

Mon Serin privé ? Juste Ciel ! Eh ! vîte , suivez-moi, Lisette. [*Elle sort avec Lisette.*]

ISMENE.

Comment ! elle nous quitte ? ... Mais cela est unique ! En vérité, ma bonne, notre chere Araminte est d'un ridicule rare, avec sa passion pour les animaux.

LISIDOR.

On ne peut douter que cet Oiseau ne lui soit cher, puisqu'elle lui sacrifie les suites d'une partie dont la mort d'un de ses amis n'a pu la distraire.

LE MARQUIS.

Oh ! vous ne la connaissez pas. Si vous l'aviez

vûe, comme moi, à table ; entourée de Chats, de Chiens, de Singes, de Catacouas, elle les baise, les fait impitoyablement baiser à la ronde, partage avec eux son assiette.... C'est un charme. Mais aussi est-ce un petit plaisir dont elle ne régale que ses plus intimes amis.

LISIDOR.

Il est heureux pour vous, Monsieur, d'être de ce nombre. [*A part.*] J'en ai bien assez vu. Quittons ce cercle d'étourdis, & ne songeons qu'à ménager la bonne volonté du Baron, & le cœur de Lucile. [*Il fait une réverence qu'on lui rend, & sort.*]

CIDALISE.

Ce petit Robin ne te semble-t-il pas un ennuyeux personnage ?

ISMENE.

Passablement.

LE MARQUIS *se leve, & va à la table.*

On m'a dit qu'il se donnait les airs d'être mon rival : par exemple, voilà de ces choses auxquelles je ne sçaurais m'accoûtumer.

ISMENE.

Prétends-tu t'enterrer ici jusqu'au souper ? Si nous faisions un tour de Boulevard.

CIDALISE.

Cela n'eſt gueres décent que la nuit ; on court les Parades, les Spectacles.

LE MARQUIS *ayant pris la place d'Araminte.*

Oui, les Fantoccini.... Oh ! ils ſont divins, étonnans : moi, en lionneur, c'eſt le ſeul ſpectacle qui m'amuſe.

ISMENE.

Ah ! ça, nous voilà ſeuls. De bonne foi, Marquis, comment conduiſez-vous la grande Comteſſe?

LE MARQUIS.

Quoi! vous n'êtes point au fait!... Je l'ai quittée.

CIDALISE.

Sérieuſement ?

LE MARQUIS.

Pouvais-je y tenir? C'eſt la plus exigeante de toutes les prudes : il faudrait toujours être là, ne la pas quitter d'une minute. Ah ! parbleu, je me ſuis ménagé avec elle la rupture la plus ſignalée. Vous n'imagineriez jamais quelle était ſa folie.... Le mariage.

CIDALISE.

Vous badinez.

LE MARQUIS.

Non, Madame a la manie d'être épousée.

ISMENE.

Mais elle est femme de qualité, d'un âge très-convenable; & il faut que vous aimiez bien éperduement votre petite Bourgeoise de Lucile pour la préferer.

LE MARQUIS.

Moi de l'Amour, des Passions! Ah! parbleu vous ne me connaissez guères. Prenez garde que Lucile est toute charmante, un vrai bijou; oui, c'est précisément ce qu'il me faut: point d'esprit, peu de figure; cela ne marquera point trop dans le monde, & ses soixante mille livres de rente.... Ah! ma chere Ismene, quelle petite maison brillante! que de chevaux, de chiens, de valets! laissez, laissez faire. Oh! je sçais bien ce qu'il me faut.

CIDALISE.

Vous n'y pensez pas vous-même, si c'est l'intérêt qui vous conduit.

LE MARQUIS.

Non pas abfolument, vous imaginez bien que je ne calcule guere, moi : mais, en vérité, la vie que je méne m'accable ; la multiplicité des aventures m'excede. Sçavez-vous, Mefdames, qu'il faudrait être de fer pour réfifter aux fatigues de vous faire fa cour ? Toujours des affiduités, des foins, des rendez-vous, c'eft à ne pas finir. Du moins, quand on eft marié, on fe tranquillife, on demeure chez foi, on y reçoit fes amis dans fa robe de chambre, on s'y fait foigner par fa femme.

CIDALISE.

C'eft une raifon de plus pour retourner à la Comteffe ; elle eft d'un âge convenable, & fans vous méfallier, vous jouiriez alors d'une fortune qui furpaffe de beaucoup celle de Lucile.

LE MARQUIS.

Vous plaifantez : oh ! je ne me fuis brouillé qu'après avoir pris là-deffus les informations les plus exactes.

ISMENE.

C'eft vous même qui, je crois, êtes le feul dans Paris à ignorer que, depuis votre rupture, elle eft devenue l'unique héritiere de fon oncle le Commandeur.

CIDALISE.

CIDALISE.

Et qu'elle joint à préfent à la réputation de jolie femme celle de femme très-opulente. Auffi le petit Chevalier lui fait-il affiduement fa cour.

LE MARQUIS.

Écoutez donc, Mefdames, un moment : ceci mérite toute mon attention. Le petit Chevalier me voudrait ravir la Comteffe ! Oh ! nous allons voir. Ce que vous m'apprenez change beaucoup mes vues ; & tout bonnement, je ferais tenté de rendre Lucile à fon Robin. Moi, j'aime à faire des heureux.

ISMENE.

Cela ferait peut-être auffi généreux que fage.

LE MARQUIS.

La Comteffe me facrifie à l'inftant qu'elle hérite ! Oh ! parbleu, je lui apprendrai à mieux choifir fes momens. Allons, allons, j'y vais mettre ordre, & vous prouver que je fçais foutenir mes droits. Comme vous dites, la Comteffe eft jolie femme ; elle mérite toutes fortes d'égards. Allons, il eft de bonne heure, mon équipage m'attend, je vole chez elle. Tâchez d'arranger tout cela avec Araminte. Elle eft minutieufe, elle boudera. Ces Bourgeoifes fe formalifent de la plus petite chofe : voyez, galmez-la. Lisidor est un galant homme ; je ne ferai même pas fâché qu'il m'ait quelque obligation. Pardon, mille fois pardon, si je vous quitte. J'en suis honteux, désespéré. Mais vous n'ignorez pas que je suis le premier à plaindre, puisque je vous laisse en partant & tous mes regrets & mon cœur.

CIDALISE.

En effet, on appelle cela sçavoir prendre son parti.

SCENE XIV.

ARAMINTE, CIDALISE, ISMENE, LE BARON LISETTE & LISIDOR *arrivent un instant après.*

ARAMINTE.

J'AI retrouvé mon serin ; je vous ai quittées bien brusquement, j'en conviens : mais vous connaissez ma sensibilité.

ISMENE.

Aussi ne songeons-nous qu'à te féliciter.

ARAMINTE.

Bon ! les malheurs se succedent : Lisidor & le Baron me suivent. Je suis persécutée de tous les côtés......; Mais où donc eſt le Marquis ?

ISMENE.

Tu ne le croirais pas? Il eſt allé reprendre les fers de ſa belle Comteſſe, qui vient d'hé‑riter.

ARAMINTE.

Comment ?

CIDALISE.

Nous t'expliquerons cela plus en détail : mais dans ce moment-ci, ce que tu as de mieux à faire eſt de pourvoir ta fille, & de ne plus pen‑ſer au plus étourdi & au plus inconſéquent de tous les hommes.

SCENE XV & *derniere.*

LE BARON, LISIDOR, ARAMINTE, CIDALISE, ISMENE.

LE BARON.

OH! çà, ma chere Araminte ; voici le moment décifif. Je viens vous demander Lucile pour Monfieur Lifidor. Elle l'aime, il le mérite ; & je vous déclare que je me brouille à jamais............

ARAMINTE.

Vous arrivez très à propos, Monfieur ; j'avais à vous dire qu'il ne tient plus qu'à vous d'être mon gendre.

LISIDOR.

Qu'entens-je? Quel bonheur !

LE BARON.

Et votre Marquis......?

ARAMINTE.

De grace, mon cher Baron, ne m'obligez point à rougir à vos yeux de ma ridicule prévention en fa faveur. Il m'a rendu fervice en m'apprenant ce que je devais penſer de tous les gens de ſon eſpece. Soyez heureux, Liſidor. Vous, mes bonnes amies, obligez-moi, de ne parler jamais de cette aventure. Vous, Baron, après le ſouper, je vous demande un moment de converſation. Vous verrez que mes vues peuvent ſimpatiſer avec les vôtres, & que, tout aveuglé que vous croyez mon cœur par le tourbillon du monde, il peut encore être éclairé par les conſeils d'un homme eſtimable.

LE BARON.

Je n'en doutai jamais, ma chere Araminte; je crois vous deviner, & j'en ſuis enchanté! Oui, j'ai auſſi mes idées. Aſſurons le bonheur de votre fille. Songeons au nôtre, & terminons, par un arrangement ſolide & raiſonnable, tous ces petits événemens, qui font le vrai tableau d'une Soirée à la Mode.

F I N.

VAUDEVILLE.

Se-rait-il vrai, jeu- ne ber- ger- re,
Que mes soins n'ont pû vous charmer? Que d'ef-forts il faut pour vous
plai- re! Il n'en faut pas
pour vous ai- mer, Il n'en
faut pas pour vous ai- mer.

Quand j'ofai découvrir ma flamme,
J'attendais un fort plus heureux.
Tout le feu qui brûle mon ame
Ne peut-il qu'animer vos yeux?

Amour, dans fes bras tu repofes;
De fon teint tu peins la blancheur.
Je t'ai vu fur fon fein de rofes;
Je te cherche encor dans fon cœur.

FIN.

J'ai lû par ordre de Monfeigneur le Vice-Chancelier, le *Cercle,* ou *la foirée à la mode, Comédie*; & je crois que cette Pièce pleine d'efprit & de gaieté plaira autant à la lecture qu'elle a réuffi au Théâtre. A Paris ce 20 Septembre 1764.

MARIN.

Le Privilège & l'Enregiftrement fe trouvent au nouveau Théâtre François & Italien.